**A Roman Theatre**
(Seen from one of the entrances)

# PERSONAE COMICAE

*by*

## G. M. LYNE, M.B.E., B.A.

**Eight Short Classroom Plays**

**BOLCHAZY-CARDUCCI PUBLISHERS**

*First Impression, October 1956*
*Second Impression, April 1959*
*Third Impression, February 1963*
*Fourth Impression, August 1964*
*Fifth Impression, July 1967*
*Sixth Impression, 1984*

*Seventh Impression, 1992*

**1992**

*Exact Reprint of the Edition:*
Centaur Books 1956

**BOLCHAZY-CARDUCCI PUBLISHERS**
1000 Brown Street
Wauconda, IL 60084

Printed in the United States of America

International Standard Book Number:
0-86516-030-9

# FOREWORD

**Personae Comicae** *is a small treasure that second year Latin students and their teachers will read with ease and pleasure and remember with fondness. The book has eight skits, each ranging from two to five pages. Each skit features one of the stock characters found in Roman comedies. We meet a devious slave, a lovesick young man, a boastful soldier, assorted misers, a moocher, a harsh taskmaster, an indifferent cook and an irreverent, cynical maid. One of the scenes is a comedy routine that was a staple of American vaudeville. Some of the exchanges in these skits will remind readers of the television sitcoms they watch nowadays. Characters freely insult one another; they lie; they try to deceive one another — often ineptly; they brag and tease and they do all of this in colloquial Latin!*

*Students can memorize these scenes and can put them on for Latin One students, or can translate them and put them on in English for prospective Latin students to make them realize that all of Latin isn't stormy and full of stress.*

*The best recommendation I can give for this book is that students request it. I have used it for years in the second half of the second year for a touch of genuine comic relief and invariably after one or two sessions, students ask whether and when we can read the next scene. Its modest charm and attractions will captivate all but the most dour readers.*

Magruder High School          Barbara L. Goodman
Montgomery County (MD) Public Schools

# INTRODUCTION

*T*HE *eight plays in this book are intended to have a
double purpose. They can serve as a simple reader,
and should be sufficient to provide a term's reading for a
form nearing the end of its second year of Latin. They
can also, if desired, be 'staged' as brief entertainments on
appropriate occasions—following the principle that most
boys and girls like play-acting, that learning by heart is the
best way of acquiring vocabulary, and that whatever is so
learnt should have some obvious purpose, if possible.*

*The language has been kept deliberately simple in all
the plays; the subjunctive mood rarely appears—and is
explained in the notes whenever it does. Although all but
one of the plays are written in verse form, the order of
words is usually the order in which they would be found in
prose. The vocabulary is so largely 'basic' that only about
150 of the words used are not to be found in the 3,000 words
of most common occurrence.*

*The characters are based on those found in Plautus; so
are some of the incidents. Lines and half-lines of Plautus
(sometimes simplified) are embedded here and there in the
dialogue. The metre used is a much more rigid form of the
iambic senarius than that of Plautus, in accordance with the
theory that an easily recognizable rhythm simplifies the task
of learning by heart. Where the book is being used for rapid
reading, the metre can, of course, be ignored, and the
dialogue treated as the simple prose that—fundamentally—
it is.*

# I

# PARASITUS

*'Nos parasiti quasi mures semper edimus alienum cibum.'*
*T. Maccius Plautus.*

Fannius, mercator quidam dives, in horto suo huc illuc ambulat. Sollicitus esse videtur et secum loquitur. Intrat Messius, parasitus quidam—quem primo non videt Fannius.

FANNIUS. (*secum loquitur*) Me fortunatum felicemque homines vocant. Sed quid habeo?

MESSIUS. (*secum loquitur*) Quid habet? Hic senex id habet quod ego habere cupio!

FANNIUS. (*secum loquitur*) Filiam habeo—quam omnes iuvenes mihi eripere cupiunt. Aurum habeo— quod omnes senes mihi eripere cupiunt. Praeterea ventris dolorem habeo—quem mihi nemo eripere cupit!

MESSIUS. (*secum loquitur*) Hic senex plane bona sua recte aestimare nescit. Ei adpropinquabo et salutabo. Salve, Fanni!

FANNIUS. (*secum loquitur*) Hem! Adpropinquat nescioquis. Bene scio quid cupiat. Aut aurum meum aut filiam cupit. (*Messio loquitur*) Quid cupis, homuncule?

MESSIUS. Rem pulchram atque bonam.

FANNIUS. (*secum loquitur*) Recte putavi! Hic homo aurum meum petit. (*Messio loquitur*) In aere piscaris. Talem rem non habeo.

MESSIUS. Habes quidem—et pulcherrimam. Eam iam plane olfacio.

FANNIUS. (*secum loquitur*) Quid hic dicit? Olfacitne? Filiam igitur, non aurum petit. Non olet pecunia. (*Messio loquitur*) Dic mihi, si eam tibi dedero, quid facies? Illudne mihi dicere potes?

MESSIUS. Nihil facilius est. Eam totam devorabo.

FANNIUS. (*secum loquitur*) Proh Iuppiter! Filiam meam maxime amat, si eam naso procul olfacit et— oculis suis, ut opinor—devorare cupit.
(*Messio loquitur*) Dic mihi; si eam mihi eripueris, poterisne ei tam bonum domicilium dare quam ego?

**MESSIUS.** (*ventrem suum ferit*) Immo, multo melius.

**FANNIUS.** Impudice, nimis gloriosus es. Filiam meam numquam homini glorioso dabo. Noli id sperare.

**MESSIUS.** Filiamne? Certe illud non spero. Num putas me stultum adulescentem esse?

**FANNIUS.** (*secum loquitur*) Aut hic insanus est aut ego. Hanc rem recte intellegere conabor. (*Messio loquitur*) Aurum meum non cupis.

**MESSIUS.** Minime.

**FANNIUS.** Nec filiam meam cupis.

**MESSIUS.** Minime—nisi bene coctam!

**FANNIUS.** Ergo id quod olfecisti, id quod totum devorare cupiebas erat. . . .

**MESSIUS.** . . . cena tua. Ego sum parasitus. Nos parasiti quasi mures apud alios cenare semper cupimus. Tu tamen felix et fortunatus es. Tandem enim is venit qui dolorem istum ventris, de quo nuper loquebaris, tibi eripere et cupit et potest.

**FANNIUS.** Si id facere cupis, oportet te coquum meum— non cenam—mihi eripere. Si enim cena quasi morbus est, coquus meus (quem di aut perdant aut meliorem coquum faciant!) est quasi morbi causa.

**MESSIUS.** Est morbus qui mihi maxime placet. Praeterea morbos non timeo. Plus enim quam medicus sum . . . (*secum loquitur*) una littera.

**FANNIUS.** Tum mendicus es!

**MESSIUS.** Rem acu tetigisti! Duc statim ad mensam!

*Exeunt*

# II
# MILES

### PERSONAE

BOMBOMACHIDES, Miles
ARCHIAS, Militis parasitus
SYPHAX, Senex
XANTHIAS } Syphacis servi
SOSIA

**Athenis, ante aedes Bombomachidis**

*Intrat Syphax cum servis*

SYPHAX. Haec est domus quam miles incolit vafer:
hic habitat ille qui pecuniam mihi
debet, negatque posse se rependere.
Hunc adoriemur. Ecce! Concrepat foris.
Ipse exit ad nos. Heus tu, Bombomachida! 5
Heus! Siste! Surdusne es? Loqui tecum volo.
*Intrant (ex aedibus) Bombomachides et Archias.*
BOMBO. Senex molestus me videtur adloqui.
ARCHIAS. Nescitne quantus sis homo?
SYPHAX. (*iratus*)                                  Pecuniam
meam repende nunc, statim, nulla mora,
extempulo.
ARCHIAS. (*ridens*) Abs te postulat pecuniam! 10
BOMBO. Dic, Archia, quot devoraverim senes.
ARCHIAS. Nimius numerus est. Tot voratorum senum
gravis memoria est, exque mente decidit;
sed mille memini quos vorasti—
BOMBO. (*iratus*)                                  Millene?
ARCHIAS. (*celeriter*)—uno die; nummosque postu- 15
omnes.                                              laverunt
BMPHAX.                     Homo sum pauper.
YSOBO.                                        Pauper vivus est
felicior quam dives atque mortuus.
Felicitatem non parit pecunia.
Discede vivus, disque redde gratiam.

SYPHAX. Vah! Magna dicis; nec tamen pecuniam   20
   meam tenebis. Xanthia! Heus, Xanthia!
XANTHIA  Adsum, domine. Quid vis?
SYPHAX.        Videsne militem
   hunc gloriosum?
XANTHIAS.      Oculos habeo. Quid ille vult?
SYPHAX.  Pecuniam vult debitam rependere.
   Habesne saccum?
XANTHIAS.      Quem dedisti pertuli.   25
   Eccum! Capax est. Aut pecuniam tuam
   hic continebit saccus, aut hunc militem
   ipsum, domum si pro pecunia voles
   referre.
BOMBO.    Sacco me petit! Saccos tuos
   soccosque sociosque ego vorabo mordicus.  30
   Dic, Archia, quot unico morsu statim
   saccos capaces devoraverim.
ARCHIAS.         Decem—
BOMBO.  Quot dicis, asine?
ARCHIAS. (*celeriter*)    Dicere volui decem
   centumque; pleni pabulique omnes erant.
SYPHAX.  Hic saccus—ut tu—plenus est venti; tamen 35
   mox continebit quos habes nummos meos.
XANTHIAS  Inest et aliud, quod videtur vivere—
   quod huc et illuc currit intra sacculum.
SOSIA  Est parvulus mus, qui venire gestiit
   ut hunc videret militem.
SYPHAX.       Illum libera.   40
   Resolve saccum.
BOMBO. (*subito perterritus*) Siste! Ne resolveris!
   Me bestiae, vir saeve, noli dedere.
   Eheu, perivi!
   *Fugere conatus, gladio suo impeditus, humi*
   *cadit.*
SYPHAX.      Gloriosus sic homo
   semper timescit cum videt periculum.

      *exeunt*

# III

# SENEX

Senes comici semper habere videntur uxores quas neque amant neque habere cupiunt et filios pigros et sceleratos; semper a servis suis decipiuntur; semper annos praeteritos—se iuvenibus—laudant. Sequitur fabula parva (cuius magna pars ex fabulis T. Macci Plauti excerpta est) de senibus duobus scripta.

## PERSONAE

MEGARONIDES, senex          CHALINUS, servus

CALLICLES, senex            SCELEDRUS, servus

*Athenis, ante aedes Megaronidis et Calliclis.*

MEGARON. Quis adpropinquat? Estne Callicles senex?
Propius adibo. Pauca verba dicere
illi volo.

CALLIC.                    Quis hic adest? Heus! Ut vales,
Megaronides?

MEGARON.                    Et tute salve, Callicles.

CALLIC. Valesne recte?

MEGARON.                    Saepe valui rectius.             5

CALLIC. Quid agit tua uxor? Ut valet?

MEGARON.                                 Plus quam volo.

CALLIC. Illud bene est.

MEGARON.                Id quod malum est bonum putas.

CALLIC.     Omnibus amicis quod mihi est cupio esse idem.

MEGARON. Eho, tu! *Tua* uxor quid agit?

CALLIC. (*misere*)                    Immortalis est—
quae rure nuper (ante quam speraveram)    10
domum regressa est plena roboris rudis.

MEGARON. Bona audio ex te. Filius quoque est tibi:
valetne recte iuvenis?

CALLIC.                    Pol! Nescio.
Dormit bibitque; dissipat pecuniam;
vicinitatem voce vexat vesperi—          15
cantare enim se posse credit, nec potest;
recte valet si conspicit vinum et ioca,
aegrotus est si quid opus est negotio.

MEGARON. Aegrotus igitur esse debet hoc die;
nam grande ad illum nunc fero negotium    20
Spoliatus ab eo sum. . . .

CALLIC.              Quid est quod audio?

MEGARON. Quod ore dico. Filius fur est tuus:
furatus est meam. . . .

CALLIC. (*optima sperans*) . . . anne dicis filiam?

MEGARON. Minime; sed id quod peius est multo tulit.

CALLIC.    Pecuniamne? (*secum loquens*) Nonne     25
                          insanus hic senex
dicturus est *quid* Chrysalus subduxerit?

MEGARON. (*foribus suis adpropinquat*) Eho, Sceledre! Te
                 volo videre. Pol!
Scelus hominis! Tu semper in lecto cubas.
         *Intrat ex aedibus Chalinus.*
Eho! an Sceledrus dormit ?

CHALIN.               Haud naso quidem,
nam clamat illo fortiter.                30

MEGARON.              Quid is facit?

CHALIN.    Stertit supinus. Iussit ille me tibi. . . .

MEGARON. Stertit iubetque? Quo modo haec simul facit?

CHALIN.    Ipsum roga: ni mentitur nasus meus,
huc adpropinquat vas bipes vinarium.
         *Intrat ex aedibus Sceledrus.*

MEGARON. Statim, Sceledre, progredere huc ad nos;    35
                             et hunc
fac certiorem te auferentem filium
vidisse nostram simiam per tegulas.

SCELED.    Hic vera dicit: Chrysalum vidi tuum
nostram auferentem simiam ad domum
                        tuam. . . .

CALLIC.    (*subito gaudio percussus*) Pol! Simiam tum
           videram nuper domi—          40
necdum regressa est rure nostra uxor! Scio
nunc cur mihi tam tacita et hirta visa sit!

**A Roman theatre ticket**

**Athenis, extra aedes Calliclis senis**

# IV

# VIRGO

Virgo non re vera est comica; nec multae virgines sunt in comoediis. Is qui virginem in matrimonium ducere cupit, eodem tempore multam pecuniam a virginis patre petit. Haec pecunia *dos* vocatur.

## PERSONAE

CALLICLES, senex

LYCO, senex

GLYCERA, virgo, Calliclis filia

*Intrant Callicles et Lyco, conloquentes.*

CALLICLES Est mihi fidelis atque pulchra filia.

LYCO Scio. Puella est virginum pulcherrima;
illudque mentem saepe perturbat meam—
nam matris eius vultus est taeterrimus.

CALLICLES Heu! Vera dicis. Nil molestius fero    5
quam quod catella pulchra taetra fit canis.
Sed haec puella pulchritudinem meam
habet.

LYCO    Putabam te dedisse cuipiam,
nam non habes nunc!

CALLICLES    Per iocum tu dicis haec.
Extra iocum, te consulere de illa volo.    10
Haec urbs senem me credit esse divitem,
multique cives hanc—ut uxor sit sibi—
petunt.

LYCO    Ut aequum est. Non potes celare eam.

CALLICLES Simulque poscunt maximam pecuniam.
Hoc est iniquum—filiam pulchram dare    15
gratis, simulque perdere hanc pecuniam.
Damnanda dos est, quae bis expilat patrem,
primo puellam, deinde furans nummulos.

LYCO Oportuit te filios habere, si
dotem daturus non eras. Quantam petunt?  20

CALLICLES Trecenta milia.

LYCO    Haec trecenta non habes?

CALLICLES Aliud habere, et aliud est expendere!

LYCO Sum tuus amicus; ipse filiam tuam
ducam ducentis milibus, non amplius.

CALLICLES Es liberalis! Sed tace! Stridunt fores. 25
Huc exit ipsa nunc. Lupus est in fabula!
Cela statim te, dum loquor cum filia.
*Intrat ex aedibus Glycera*
Salve, puella! Nuntiabo nunc statim
id quod beatam felicemque te facit.
Habes maritum.

GLYCERA (*attonita*) Vae, pater! Quis hoc tibi . . . ? 30

CALLICLES Tace, puella! Semper es nimis loquax.
Audi tacens me nuntiantem rem bonam.
Est hac in urbe vir bonus.

GLYCERA                                  Pol! Se bene
celavit!

CALLICLES               Audi! Vir bonus divesque te
ducere cupit nunc, sine mora, statim. 35

GLYCERA                                 Quis est?

CALLICLES Lyco.

GLYCERA           Lycone? Vae! Senex et calvus est.
Num me marito paene mortuo dabis?

CALLICLES Sed ille eodem natus est anno atque ego!

GLYCERA Antiquitatis non amica sum.

CALLICLES (*iratus*)                     Patri
parere debes. 40

GLYCERA                 Non ego possum, pater.
Duos maritos non habere fas simul.

CALLICLES Quid dicis, amens? Quis duos cupit dare?

GLYCERA Absente matre teque nuper exii,
iuvenique nupsi.

CALLICLES                  Vera non dicis mihi.

GLYCERA Absente fele, mus solet tunc ludere. 45

CALLICLES Me nesciente, dote duxit non data?

GLYCERA Non poscit ille dotem; amat me, non opes.

CALLICLES Insanus est hic, turpibus parentibus,
qui amat puellam quam pecuniam magis.
Lyco, veni! Quid virgine hac est stultius? 50

LYCO Iuvenis paterque stultiores illius.
Quis est? Habetne nomen hic stultus puer?

GLYCERA Lyconides est.

CALLICLES                Filius tuus!

LYCO                        Babae!
Audivit ex me saepe 'Dos semper manet;
mutatur uxor, nec puella erit diu'. 55

CALLICLES  Non saepe credunt filii parentibus.
GLYCERA  Ignosce nobis, pater; eramus improbi.
CALLICLES  Puella quae se dicit improbam esse, eam
    reapse semper esse repperi bonam.
    Dotem dabo.
LYCO            Quid? Sed. . . .
CALLICLES               Trecenta milia.  60
    Namque aestimamus filium pluris patre;
    nec calvus ille est, nec pecuniae meae
    avarus—ut tu. Filius nobis placet.
    Eamus intro. Nuptias parabimus.
          *Exeunt*

## MUSICIANS

This picture by Dioscurides of Samos probably represents a group of street musicians though one commentator upon it observes: 'The women wear masks, which shows that they are acting'. Whether they are on the stage or in the street, the double flute played by the young woman in the background was the instrument generally used to provide a musical accompaniment in the theatre. The drawing is from a mosaic found at Pompeii.

# V

## SERVUS

Nulla comoedia sine servo esse potest. Servi enim non solum velut instrumenta sunt consiliorum quae domini capiunt, sed etiam consilia callida ipsi saepe capiunt. Et saepe dominos suos fallere conantur.

### PERSONAE

SCELEDRUS, nauta quidam　　DAVUS, servus Cylindri
CYLINDRUS, senex　　　　　　TYNDARUS, adulescens,
　　　　　　　　　　　　　　　　　Cylindri filius

Corinthi, haud procul a portu.

*Davus ab oppido intrat, Sceledrus a portu.*

SCELEDRUS Heus, Dave! Quid tu nunc in his locis facis?
Numquam solebas huc prius descendere.
DAVUS Salve, Sceledre! Nonne Neptunus tibi
fuit propitius nuper, an tu in fluctibus
misere peristi?
SCELEDRUS 　　　　　　Quem vides Sceledrus est,
non frater eius. Tune vivus es quoque?
DAVUS Spiro.
SCELEDRUS 　　　Bonum est hoc: quidque aliud agis?
DAVUS 　　　　　　　　　　　　　　　　Peto
erum Cylindrum, qui peregrinatus est
hos quinque menses, nunc et huc redit.
SCELEDRUS 　　　　　　　　　　　　　　Senex
morosus hic est naufragum quem repperi, 10
nudum, trementem, territumque fluctibus;
non ille grates egit, sed pecuniam
semper dolebat quam reliqui piscibus.
DAVUS Non poteris illum pulchrius describere:
avarus est, trux, parcus, ingratus senex— 15
SCELEDRUS Tace! Cylindrus ipse nunc huc volvitur;
tristis videtur.
DAVUS 　　　　　　Tristior videbitur
mox. Si manebis, rem videbis comicam.
Heus tu, Cylindre!
CYLINDRUS 　　　　　　Dave! Quin venis statim?
Ubinam fuisti? Cur teris tempus, piger? 20
SCELEDRUS Quin, Dave, curris? Osculari te cupit!
ADVUS Cylindre, salve! Salvus es, Cylindre mi!

CYLINDRUS Tam tardus es quam pompa coclearum.
Homo
Non es, sed asinus. Dic mihi, quid est novi?

DAVUS Nihil novi—Pol!—est, Cylindre

CYLINDRUS Quam loquax 25
est hic! Negasne quinque mensibus novi
quicquam accidisse? Vera non dicis mihi.

DAVUS Ah! Nunc recordor—mortuus noster canis
est: sed novi nil.

CYLINDRUS (*magnopere commotus*) Mortuusne Pertinax?
Sed quo modo?

DAVUS Pol! Ille tum crematus est 30
cum stabula nostra forte flammis usta sunt.

CYLINDRUS Eheu! Quid hoc est? Quo modo cremata sunt?

SCELEDRUS (*secum loquitur*) Nunc incipit res esse valde
comica!

DAVUS Scintilla, credo, transtulerat incendium
ex aedibus tum cum crematae sunt. Nihil 35
tamen novi.

CYLINDRUS Vae! Vae! Perivi! Quo modo
aedes crematae?

DAVUS Filius tuus casu
incendit aedes cum furore captus est.

CYLINDRUS Furore captus filius? Sed quo modo. . . .

DAVUS Decem latrones vidit uxorem tuam 40
foede necantes. Sed nihil novi est, ere.

CYLINDRUS Uxor necata est? Hercle! Me miserrimum!

SCELEDRUS (*secum loquitur*) Non laetus esse nunc videtur
hic senex.
Risum tenere vix queo.
Cylindre mi,

DAVUS noli dolere, nam latrones mortui— 45
aquis eisdem quae boves omnes tuos
mersere tum cum flumen. . . .

SCELEDRUS (*latus Davo fodicat*) At nihil novi!
Istud nihil me caedet!
*Intrat ex oppido Tyndarus*

CYLINDRUS Ecce! Filius
huc adpropinquat. Dave, Tyndarum voca.

DAVUS (*secum loquitur*) Non Tyndarus sed lupus 50
is est in fabula;
nam devorabit fabulam et Davum quoque.
(*magna voce*) Heus, Tyndare!

TYNDARUS        Heus tu, Dave! Nonne adest pater?
DAVUS     (*morosus*) Adest!
TYNDARUS         Pater mi! Te saluto. Num vales?
CYLINDRUS Eheu! Furore captus es, mi Tyndare.
TYNDARUS Ego? Furore? Quod saluto te, pater?     55
SCELEDRUS (*secum loquitur*) Nemo salutat hunc senem
                              qui *non* furit!
TYNDARUS Mater venire non potest. . . .
CYLINDRUS
                                   Scio bene.
      Eheu!
TYNDARUS Quid 'Eheu!'? Mater aegra non erat
      ubi reliqui nuper illam in aedibus.
CYLINDRUS In aedibus? Sed Davus ustas esse eas     60
      dixit. Quid est hoc? Dave, nunc resolve rem.
SCELEDRUS (*secum loquitur*) Sed Davus est, non Oedipus!
                                Comoedia
      haec est iocosa: paene risu corruo!
TYNDARUS 'Ustas'! Quid 'ustas'?
CYLINDRUS
                          Dixit et mersos boves.
TYNDARUS Furore captus est: boves omnes valent.     65
DAVUS (*se Cylindro ad pedes proicit*) Ignosce, quaeso!
                       Nam tibi placere, ere,
      solum volebam.
CYLINDRUS (*voce terribili*) Furcifer, poenas dabis!
DAVUS        Sed nonne propter me beatus es, ere?
      Nuper putabas perdidisse te bona
      huiusque matrem. Et ecce! Nunc haec     70
                                    omnia
      recipis. Quis est qui divitem te sic facit?
      Is qui putare te coegit pauperem
      orbumque te esse. Nec tamen grates agis,
      sed spernis haece dona magna.
SCELEDRUS
                               Mirus est!
CYLINDRUS Scelerate serve, dignus es mala cruce—     75
      sed quod recordor me fuisse felicem,
      ignoscam! Abi nunc! Nos eamus ad forum.

                  *Exeunt omnes*

# VI

# SENEX AVARUS

In comoediis omnes senes avar sunt, sed alii senes aliis sunt avariores.

### PERSONAE

EUCLIO, senex avarus     STAPHYLA, anus, Euclionis ancilla

LYCONIDES, adulescens     PHAEDRA, Euclionis filia

STROBILUS, Lyconidis servus

*Athenis, ante aedes Euclionis.*

EUCLIO (*intus*) Exi, inquam, age exi! Nonne parebis mihi?

STAPHYLA (*intrat subito ex aedibus*) Cur verberas me?
          Curque me expellis domo?

EUCLIO (*stat in foribus*) Tace, scelesta! Staphyla, si ex
          isto loco
     amoveris te donec imperavero,
     plorabis hercle! (*aedes intrat foresque claudit*)

STAPHYLA (*secum loquitur*) Semper iracundus et          5
     plenus minarum est; neminem vidi senem
     avariorem; namque voce maxima
     clamat 'Miser sum, perditis rebus meis!'
     si fumus exit tenuis ex foco foras;

cumque ad cubile it, stringit ob gulam    10
                                 suam
saccum, quod odit dormiens amittere
animam suam. Sed quis venit? Strobilus est,
Lyconidis qui servus est.

STROBILUS (*intrat*)                Quid agis, anus?

STAPHYLA    Hic in via sto, conloquens mecum, ut vides.

STROBILUS    Cur ita facis tu?                     15

STAPHYLA               Verba quia placent mihi
sapientis. Exi! Nonne me negotium
vides agentem?

STROBILUS            Quocum agis negotium?

STAPHYLA    Mecum.

STROBILUS        Negoti plenus—ecce!—ego quoque;
namque Euclionis filiae, Phaedrae, meum
erum cupido cepit, isque deperit        20
amore.

STAPHYLA       Medicum, non anum, si deperit
consulere debes.

STROBILUS          Remedium est domi tuae
huiusce morbi.

STAPHYLA        Non remittet Euclio.
Cum tondet ungues, colligit praesegmina
ponitque in arca. Num putas talem virum   25
totam daturum filiam Lyconidi?

STROBILUS    Ubi ille nunc est?

STAPHYLA           Nempe in hortulo fodit.
Me scire nescit; ego tamen scio bene
illum ollam habere—quam solet celare ibi;
est plena nummis aureis. . . .

STROBILUS           Staphyla, vale!   30
*Celerrime ad murum Euclionis horti currit,*
*caute adscendere incipit.*

STAPHYLA    Rusticus homo est hic; dum loquor discedit.
                                  Hem!
Nunc adpropinquat ipse erus Lyconides;
petere videtur aliquid.

LYCONIDES (*intrat*)          Heus, Staphyla! Valen'?

STAPHYLA    Audire non vis: itaque non respondeo.
Quin tu rogas me quod rogare me cupis?   35

LYCONIDES   Quid te rogare debeo? Salus tua
mi cara semper est.

STAPHYLA                    Abi! Garris nimis.
Phaedram videbis intus—at cave canem!
Nam fodit in horto diligenter Euclio.
St! Fores crepantes audio. Celare te          40
debes.

LYCONIDES        Ubi? Quo? Nullus est locus prope.

STAPHYLA   Post me late. Te non videbit Euclio!
*Lyconides se post Staphylam celat, dum*
*Euclio fores aperit et aedibus exit.*

STAPHYLA   (*Euclionem adloquitur*) Quo nunc abis tu?

EUCLIO                     Cur cupis cognoscere?
Negotium fac tu tuum—meumque ego
curabo. Ini nunc, atque custodi mea.          45

STAPHYLA   Custodiamne? Quidnam ego custodiam?
Nil est apud nos furibus quod utile est—
nisi cum requirunt pulverem atque araneas.

EUCLIO (*iratus*) Araneas mi ego illas servari volo.
Ini domum nunc, femina, et fures cave.        50
                    *Exit*

STAPHYLA   Heus, fur! Latere mitte post tergum meum.
Eamus intro.
*Exeunt in Euclionis aedes. Mox intrat*
*Strobilus furtim: ollam sub tunica sua celat.*

STROBILUS                Pol! Facillimum fuit
opus. Vidente me, senex sepelit humi
ollam suam. Tunc abit. Ego furtim ad locum
illum adpropinquo. Manibus extraho meis  55
ollam. Sed eheu! Num crepant fores? Cito!
Post hanc columnam nos statim celabimus.
*Dum Strobilus se post columnam celat, intrant*
*furtim ex Euclionis aedibus Lyconides et*
*Phaedra.*

LYCONIDES Noli timere, Phaedra! Te mater mea
custodiet. Mox nupta eris laetissima.

PHAEDRA    Citius eamus; nam timore plena sum;      60
videor odorem audire non procul patris.

LYCONIDES Audire odorem non potes, stultissima!

PHAEDRA    Pedumque odoror illius sonum. Cito!

LYCONIDES Nasum tu et aures, cor meum, miros habes!

PHAEDRA    Tempus terente te, venit pater meus.     65
Ecce! Adpropinquat.

LYCONIDES                    Adpropinquantem senem
videor videre. Nos statim celabimus
post hosce postes.
(*Strobilus et Phaedra se post columnam
alteram celant. Intrat celeriter Euclio.*)
EUCLIO (*secum loquitur*) Redire ad aedes sum coactus
                                              ocius
timore magno, ne quis illam abduceret,
absente me. (*exit in aedes suas*)                70
LYCONIDES              Pol! Esse cara tu seni
isti videris. Laetus ille vix erit
cum te reperiet non reperiendam domi.
PHAEDRA   Non semper audis quod videris auribus
audire. Lingua testis esse perfida
mentis solet.                                     75
STROBILUS (*secum loquitur*) Pol! Mens me abire nunc
                                              iubet;
cogit manere lingua longa feminae.
*Intrat celerrime Euclio ex aedibus, ira et
dolore magnopere commotus.*
EUCLIO     Perii! Scelestus fur eam furatus est.
Miserrimus sum. Perdidi vitam meam.
LYCONIDES Ah! Quantum amat te! Lacrimas illas vide!
EUCLIO     Quis loquitur illic? Egredere, age, quisquis
                                              es.  80
LYCONIDES (*egreditur*) Vicine, salve!
EUCLIO                     Hic iubet salvere me!
Homo impudice, redde quod furatus es.
LYCONIDES Peccasse multum me fatebor, Euclio.
EUCLIO     Tangerene es ausus id quod alienum fuit?
LYCONIDES Amore captus maximo, simul atque eam  85
vidi, cupivi possidere eam statim.
EUCLIO     Itaque eruisti, fur, eam ex horto meo
ubi sepelivi nuper.
LYCONIDES (*secum loquitur*) Aut insanus est
hic pappus, aut res perdidit duas simul.
EUCLIO     Deprome, deprome unde celavisti eam;  90
tunica tumet tua; illic est! Redde statim!
LYCONIDES Celare nemo virginem sub vestibus
potest. Puella post eos postes latet.
              *Procedit ex postibus Phaedra.*

EUCLIO       Me fallis! Illam non peto sed ollam. Age!
             Ollam mihi nunc redde, filiamque habe.    95

LYCONIDES Ollamne reddam? Mille cras dabo tibi
             ollas: sed hodie non mihi est una ollula.

STROBILUS *(in medium procedit, ollam post tergum celans)*
             Hem! Quid dabis tu, si tuam receperis
             ollam, vicine, salvam et intactam statim?

EUCLIO       Phaedram dabo—eius matrem ego dabo
                               quoque.    100

STROBILUS Noli minari nobis has socrus, senex!
             Quod perdidisti, repperi. Ecce! Ollam tuam!
             Illam recepi, furibus victis decem,
             quos exeuntes videram domo tua.

EUCLIO       Eam mihi da! Vita inest enim mea.       105
             Servata vita est! *(ire properat in aedes suas,*
             *ollam amplectens)*

LYCONIDES                     Phaedra, nunc eamus hinc.

STROBILUS Num quis Strobilo praemium dignum dabit?

LYCONIDES Matrem puellae dixit Euclio senex
             sese daturum. Praemium tibi hoc erit.

STROBILUS Ludificat hic me. Semper ingratus solet    110
             is esse cuius mens scatet cupidine.

*Exeunt omnes.*

# VII
# COQUUS

### PERSONAE

STROBILUS, servus      GRUMIO, senex
ANTHRAX ET CONGRIO, coqui    PALAESTRA, virgo
TIBICINAE ET AGNI      STAPHYLA, ancilla

**Athenis, ante domus Grumionis et Philoxeni.**
*Intrat Strobilus cum Anthrace et tibicina.*

STROBILUS    'Coquum reduces ex foro, et tibicinam.'
Haec verba mane Grumio dixit mihi.
Furem reduco, garrulum atque inutilem;
ille nihil unquam coxit antehac nisi
nasum suum, quam beta qui rubet magis    5
cum cocta nuper est.

ANTHRAX                Sed optimum coquum
omnes vocant me qui voraverunt meas
cenas.

STROBILUS       Ubi sunt hi tui voragines?

ANTHRAX    Ipsi vorati.

STROBILUS           Tune convivas quoque
coquere soles cum cena devorata erit?    10

ANTHRAX    Immo, voravit Orcus; namque mortui
sunt universi.

STROBILUS          Num tuis cenis erant
*omnes* necati? Nonne adhuc tot ex viris
unus superstes?

ANTHRAX         Non ego veneficus
sum. Res habet se longe aliter, amice. Pol!   15
Annos ducentos vivet ille, si placet,
qui devorabit quas coquo cenas. Odor
meea culinae, cum coquo cenam, volat

recta per auras in domos caelestium,
cenatque odorem hunc Iuppiter cotidie.    20

STROBILUS Si non coquis, tum Iuppiter cenat nihil;
itaque necesse est esurire saepe eum!
Fortasse melius esurire quam tuas
cenas vorare est!

ANTHRAX                    Animum habe bonum modo.

STROBILUS Iubesne habere me bonum animum, audax 25
                                    homo,
quamquam domum te duco, inutilem coquum?
*Intrat Grumio cum Congrione et tibicina.*
Quis adpropinquat? Grumio est, erus meus;
ducitque secum—nisi ego fallor—alterum
coquum domum; habet et alteram tibicinam.

GRUMIO (*cum Congrione loquitur*) Cenam parare te   30
                                    volo bellissimam.
Facturus hodie nuptias meas ego
Philoxeni cum filia.

TROBILUS (*oblique loquitur*) Pedes habet
instar scapharum femina illa; cum ambulat,
titubant deorum templa, decidunt domus.

CONGRIO Coquorum ego sum callidissimus.            35
GRUMIO                              Bene est.
ANTHRAX (*oblique loquitur*) Impudicus ille falsa dicit;
                                    ante quam
is coepit esse coquus, erat cadaverum
ustor.

STROBILUS          Quid est *nunc* ille? Nonne adhuc facit
idem?

GRUMIO (*Strobilum subito conspicit*) Heus, Strobile,
quos agis tu ad nos domum?

STROBILUS Iubente te, duco et coquum et tibicinam.   40
GRUMIO *Quonam* iubente?
STROBILUS                    Te iubente.
GRUMIO                              Insanus es!
Dixi coquum *me* velle mox conducere
tibicinamque; et—ecce!—conduxi. Duo
nimii coqui sunt, iusque corrumpent male.

CONGRIO Praestantiorem quin coquum tu deligis,   45
peiore omisso?

GRUMIO          Sed uter *est* peior coquus?
ANTHRAX Ego. . . .

CONGRIO     (*celeriter*) Sed ipse dixit, ipse fassus est!
ANTHRAX     Tace, sceleste! Nonne me loqui sines?
             Ego coquorum sum coquus. . . .
CONGRIO                         . . . turpissimus—
             mendaciumque paene mendacissimus.     50
ANTHRAX     Describit ille se modo mirabili.
GRUMIO     Ambo tacete! Rem probare facile erit.
             Domum meam te, Congrio, confer statim,
             cenamque parvam coque; simul tu, quisquis es,
             intrabis aedes hasce vicini mei,     55
             cenamque quoque, coque, arte conflabis tua;
             ambasque cenas devorabimus simul,
             illumque vestri suavius qui coxerit
             nos deligemus.
                     *Exit in aedes suas.*
STROBILUS     (*coquos adloquitur*) Quin statim vos pergitis?
             Properate nunciam: coquite, coquite celeriter.
                              60
             Anthrax, age, agnum hunc pinguiorem tu cape,
             abique in aedes.
ANTHRAX                       Ecce, abivimus statim
             et nos et agnus noster et tibicina. (*exit*)
STROBILUS     (*Congrionem adloquitur*) Agnum tuum duc
                       intro, abique tu quoque.
CONGRIO     Sed pinguiorem tu dedisti agnum *tuo*     65
             coquo scelesto—magna quae est iniuria.
STROBILUS     Noli timere: pinguior tibicina
             dabitur tibi. Heia! Sequere eum, Phrygia, cito!
CONGRIO     (*fores pulsat*) Aperi fores nunc. Heus!
                        Adest coquus tuus.
STAPHYLA     (*intus*) Hic nulla ligna sunt in aedibus,
                          coque.   70
CONGRIO     Nonne est supellex?
STAPHYLA                   Est quidem.
CONGRIO                      Tum ligna sunt.
STAPHYLA     Comoedus est hic, non coquus. Cenat male
             qui salsa cenat dicta, non salsum cibum.
STROBILUS     (*Congrionem adloquitur*) Intra domum tu;
                       cena non parabitur
             verbis iocosis.
             (*secum loquitur*) Grumio est stultus senex:   75
             iubet enim, et id quod iussit obliviscitur.

Nam mi 'Strobile' nuper inquit, 'nuptias
facturus hodie sum; coquum conduce tu
tibicinamque. Nuptias cotidie 80
nos non solemus facere. Rem facere bene,
cum fit, decet nos.' Nunc negat iussisse se.
Quis adpropinquat huc? Palaestra, filia
Philoxeni, est haec, quae meo nuptura ero—
ut dixit ille—est. Heus, Palaestra! Quo
venis? 85

*Intrat Palaestra cum duobus coquis.*

PALAESTRA Huc, ut vides tu. Me sequuntur et coqui
duo.

STROBILUS Coqui? Sed. . . .

PALAESTRA Grumio cenam parat;
is me rogavit ut coquos conducerem.

STROBILUS Absurdus est hic et levissimus senex;
nam te rogare voluit his verbis, puto: 90
'O corculum, licetne mi te ducere?'
(omnes puellas nominat ille 'corcula')
Audire te non 'corculum' putaveras,
sed *'coquulum'*, et esse 'ducere' id *'conducere'*.

PALESTRA Pol! Mene credit ille nupturam sibi? 95
Mors ipsa melior esset. Insanus senex
est—atque calvus. Sed quid est? Incendium
egone odoror? Fumus et flammae domo
nostra videntur exsilire.

STROBILUS Congrio
coquit intus aliquid. 100

PALAESTRA Nonne debes dicere
'Coquiturne Congrio intus?'

STAPHYLA (*domo excurrit*) Ardemus! Domus
incensa nostra est. Ferte aquam! Nolite vos
hic stare. Facite am aliquid.

STROBILUS Estne Congrio
intus?

STAPHYLA Sedebat in foco magna canens
voce 'Haece cena dulcior cenis erit 105
Olympiorum.'

GRUMIO (*domo sua excurrit*) Pol! Quid est? Philoxenus
vicinus ardet!

STROBILUS Te iubente, Grumio!

GRUMIO Quid dicis, audax serve?

STROBILUS                                 Non coquum tuum
cenam parare tu Philoxeni in domo
iussisti? Is intus nunc parat cenam tibi!    110
Et vicit omnes qui fuere iam coquos;
nam quis paravit ante tam mirum cibum—
tibicinam tostam et coquum coctum bene?

PALAESTRA  Hoc non placebit, ut puto, patri meo.

GRUMIO    Ubi est?

PALAESTRA             Cubabat ille in aedibus; puto
eum esse partem nunc cenae tuae!

GRUMIO    (*exit celeriter*)                 Vale!

# VIII
## ANCILLA

### PERSONAE

CALLICLES ET BOMBAX, senes.

CROCOTIUM, ancilla.　　　　　LABRAX, mercator.

SERVI.

*Ante aedes Calliclis*

| | |
|---|---|
| BOMBAX. | Monere amicum qui stat in periculo |
| | me nunc oportet: hoc bonum civem decet. |
| | Itaque monebo Calliclem: Labrax enim |
| | mercator hodie dicitur navem suam |
| | huc adpulisse, quem pridem putaverat　　5 |
| | obisse mortem naufragum: pecuniam |
| | debet Labraci maximam, neque is potest |
| | solvere. Sed ipse nunc propinquat. Callicles! |
| | Heus! Te requiro, Siste nunc gradum! Mane! |
| CALL. | Clamare noli, quisquis es! Turbare vis　　10 |
| | hic dormientes? |
| BOMB. | 　　　　　　Quis meridiatur hic? |
| CALL. | Dexter meus pes, quo ferire servulum |
| | conatus—eheu!—non locum petitum ego |
| | sed hanc columnam fortiter percusseram. |
| | Sed nonne Bombax est? Amice, quid tu |
| | 　　agis?　　　　　　　　　　　　　15 |
| BOMB. | Volo monere te. |
| CALL. | 　　　　　Quid est? |
| BOMB. | 　　　　　　　　Labrax adest. |
| CALL. | Babae! Sed illum mortuum putaveram. |
| | Num homo scelestus ausus est ab inferis |
| | redire? Quid nunc est agendum, amice? |
| BOMB. | 　　　　　　　　　　　Pol! |
| | Celare oportet te domi.　　　　　20 |
| CALL. | (*magna voce*)　　　Crocotium! |
| | Heus! Curre nunc huc. Te requirimus statim! |
| | (*oblique*) Ancilla non est pulchra, sed fidelis est. |
| CROC. | (*intrat ex aedibus*) Quis me vocavit huc? |
| CALL. | 　　　　　　　　　Vocavi ego. |
| CROC. | 　　　　　　　　　　　Quid est? |

CALL.    Hic tu manebis. Si loco discesseris
        Hoc ante noctem, verberaberis male.     25
        Si quis rogabit 'Estne Callicles domi?'
        Tu me negabis esse nunc in aedibus.

CROC.    Difficile non est ista verba dicere.
        Quod si rogabit hoc: '*Ubi* est erus tuus?'

CALL.    Nescire dic te: dic 'In Africa facit     30
        iter; leones captat, elephantos necat'.

BOMB.   Num scire eodem tempore et nescire se
        narrare debet? Nonne suspicabitur
        Labrax eam non vera verba dicere?

CROC.    Noli timere. Splendide mendax ero.     35
        Mendacior me nemo sub caelo iacet.

CALL.    Bene est. Memento—'Non domi dominus
          adest.'

BOMB.   Noli morari! Nam ille mox pervenerit.
        Celerrime te confer in domum tuam.
           *Callicles et Bombax aedes intrant.*

CROC.    Nullus labor placere mi magis potest;    40
        Num femina est quae non amat mendacia?
        Si vera dicit femina, ita casu facit,
        invita, linguae propter errorem suae.
        Sed quis propinquat? Tempus est, Crocotium,
        monstrare te nunc esse mendacissimam.    45
           *Intrant Labrax et servi duo.*

LABR.    Haec est, opinor, Calliclis senis domus.
        Ancillaque eius—ecce! custodit fores.
        Adibo et illam conloquar. Salveto, anus!

CROC.    (*Secum conloquens*) Protervus est hic!
        (*Labracem adloquens*) Lippus esse, iuvenis,   50
        valde videris. Hic enim nulla est anus.

LABR.    Num vera dicis? Esne Calliclis senis
        ancilla?

CROC.          Quid tum? Non id est tantum scelus!

LABR.    Ille, ut recordor, saepe dictabat mihi
        se ancillam habere debilem, veterrimam,    55
        rugosam, ineptam, vinolentam et sordidam;
        tuque esse talis mi videbaris.

CROC.                  Tatae!
        (*secum conloquens*) Ancilla nulla praeter hanc
          domi fuit
        nostrae per annos hos viginti. Callicles

*me* dixit esse sordidam et veterrimam!  60
Pol! Proditorem puniam; poenas dabit
pulchras; egoque, quae per omne adhuc meum
tempus negavi feminae verum loqui
licere, tandem verba vera nunc loquar.

LABR.  Respondet haec nil. (*Crocotium adloquens*)  65
    Nonne respondes mihi?

CROC.  Nil me rogasti.

LABR.          Dic, ubi est erus tuus?

CROC.  Ubi sit cupis tu scire?

LABR.            Coniectas bene.

CROC.      Est intus. Ille nunc in aedibus latet.
Domi dominus est. Non in Africa facit
iter, leones non necat, sed est apud  70
se: quae quater dico, esse vera quis negat?

LABR.  (*servos suos adloquitur*) Tempus teremus, si
                  petemus Calliclem
hic intus. Ille nunc abest plane domo.

SERV.  Sed dixit haece Calliclem esse in aedibus!

LABR.  Itaque necesse est illum abesse; namque ego 75
aliud recordor quod senex dixit mihi
de hace (quam mi vendere is conatus est!).

SERV.  Quid ille?

CROC.  (*irata*)    Mendax est!

LABR.              Sed ipsa verba habes!
Negavit illam vera posse dicere.
Qua re domi si dicit esse Calliclem,  80
Foris is esse debet et, versa vice,
Si dicit illum abesse, plane erit domi!
Mendaciorum mater omnium, vale!
       (*exit cum servis suis*)

CROC.  Omnes dei te Calliclemque perduint
deaeque et omnes! Falsa sum meis dolis—  85
quia falsa nimium semper esse solita sum.
      *exit*

# NOTES

## I—Parasitus

**mihi eripere cupiunt:** 'wish to take away *from* me'. Verbs of 'deprivation' regularly take the dative of the person deprived in Latin.

**aestimare nescit:** 'does not know *how* to assess'; compare the French use of *savoir* with the inf.

**in aere piscaris:** a proverbial expression. Translate 'you are wasting your time'.

**quem di aut perdant etc.** The subjunctive (with or without *utinam*) often expresses a wish. '*May* the gods destroy him, etc.'

**plus enim quam medicus sum:** This is a joke from Plautus (*Rudens*, V, ii, 17).

**rem acu tetigisti:** literally translated is 'you have touched the thing with a needle'. What is the corresponding English expression?

## II—Miles

This short scene is based on the character—but not on the adventures—of Pyrgopolinices, the bombastic soldier in Plautus's play with this title. To avoid any comparison with Plautus, he has here been given a different name. The metre of this, and the following pieces, is the *iambic senarius.**

3        **negatque posse se:** 'and says that he cannot'. *Nego* is used instead of '*dico . . . non*', which is very rarely found.

8        **quantus sis homo:** 'what a great man you are'. The verb of a dependent question is in the subjunctive mood.

9        **extempulo:** Plautus's spelling. In later Latin always *extemplo*.

12      **tot voratorum senum:** 'of so many old men gobbled up'.

25      **quem dedisti:** sc. *saccum*. Trans. 'the *one* you gave me'.

26      **eccum:**='ecce illum!' 'See! Here it is!'

32      **devoraverim:** the verb of a dependent question is in the subjunctive: 'I have swallowed'.

37      **aliud:** 'something else'. See also note on 1.8 above.

39      **ut hunc videret militem:** *ut* with the subjunctive mood expresses purpose. '*In order to* have a look at this warrior.'

41      **ne resolveris:** *ne* with the perfect subjunctive expressesa prohibition. 'Don't untie it!'

*The English sentence 'Neither reward us after our iniquities is an accidental iambic senarius, and gives an excellent idea of the rhythm.

## III—Senex

This playlet contains quotations from several comedies of Plautus, in particular the *Trinummus* ('Threepenny bit'), in which the two old men regret that their wives are in good health.

4      **tute:** a stronger form of *tu*.

6      **quid agit tua uxor?** Compare the English expression 'How do you *do*' and Shakespeare's

> VAL. How does your little son?
> VOL. He had rather see the swords and hear a drum
>     Than look upon his schoolmaster.
> *Cor., I, iii.*

8      **quod mihi est** :=*id quod habeo;* 'I wish all my friends to have what I have myself'.

12      **filius quoque est tibi:** note the possessive dative. ='filium quoque habes'.

15      **vicinitatem voce etc.** Alliteration was a common device in Plautus.

> e.g. Nunc pol ego perii plane in perpetuom modum.
> *Most., III, i, 5.*

19      **si quid opus est:** 'if there is any need of' (followed by the ablative case).

23      **anne:** occasionally introduces a question. =*dicisne?* So *an* in line 29.

26      **subduxerit:** 'has stolen'. The verb of a dependent question is in the subjunctive mood.

28      **scelus hominis:** 'rascally fellow' (*not* 'crime of a man'!)

36      **fac certiorem:** followed by the accusative and infinitive; 'inform this man that you saw, etc'.

42      **visa sit:** 'she seemed'. Why subjunctive? See note on line 26

## IV—Virgo

5      **nil molestius fero:** 'I find nothing more annoying'.

6      **quam quod:** 'than *that* . . .'

8      **cuipiam:** dative of *quispiam;* 'to somebody'.

9      **per iocum:** 'in jest'.

10      **extra iocum:** 'joking apart'.

12      **ut uxor sit sibi:** *ut* followed by the subjunctive expresses purpose; 'to marry her'.

19      **oportuit . . . habere:** literally 'it behoved you to have'='you ought to have had'.

24      **ducentis milibus:** ablative of price; 'for two hundred thousand'.

      **lupus est in fabula:** the 'wolf in the play' is a proverbial expression—a remark made when somebody who is being discussed walks in. Cf. Cicero's 'de Varrone loquebamur: lupus in fabula: venit enim ad me'. (*Att. XIII*, 33.) Our expression is 'Talk of the devil!'

38     **eodem natus est anno**: ablative of *time when;* 'he was born in the same year'.

41     **non habere fas**: understand *est;* 'it is not lawful to have'.

43     **absente matre**: ablative absolute; 'while my mother was away'.

46     **me nesciente, dote ... non data**: ablative absolute; 'without my knowledge, no dowry given'.

50     **virgine hac**: ablative of comparison. ='*quam haec virgo*'.

51     **illius**: 'his'.

61     **pluris**: genitive of value; 'more than'.


# V—Servus

**Davus**: a name given to several slaves in Roman comedy. The best known is probably the cunning rascal in Terence's *Andria* whose retort to the old man who speaks to him in riddles—'*Davos sum, non Oedipus!*'—became proverbial. As one confronted with an impossible task might say 'My name is Simpson, not Samson'.

5     **quem vides**: 'he whom you see'.

10     **naufragum quem repperi**:=*quem repperi naufragum*.

13     **dolebat**: 'kept mourning *for*', with acc.

23     **tam ... quam**: 'as ... as'.

24     **quid est novi?** 'what's the news?'

26     **quinque mensibus**: ablative of *time within which;* 'in five months'.

38     **furore captus est**: lit. 'was seized with madness'; 'went mad'.

42     **me miserrimum**; exclamatory accusative; 'what an unhappy wretch I am!'

48     **istud nihil**: 'that' no (news)' of yours'.

50     **lupus est in fabula**: to be taken literally here. Be careful not to paraphrase.

55     **quod saluto te**: '*because* I greet you?' This is all that Tyndarus has done so far.

62     **Davus est, non Oedipus**: see introductory note on *Davus*. The reference in Terence is *Andria*, I, ii, 24.

64     **Quid 'ustas'?** 'What (do you mean), "burnt down"?'

67     **poenas dabis**: 'you shall be punished'. *Poenas do* regularly serves as the passive of *punio*.

72     **putare te coegit pauperem**: 'made you think yourself a pauper'.

75     **mala cruce**: 'of crucifixion'—'you deserve to be strung up!'

## VI—Senex Avarus

This play is based very loosely on the *Aulularia* of Plautus, in which the miser Euclio's pot of gold—which he prizes more than anything else in the world—is stolen from him. Some of the dialogue is taken, with slight alterations, straight from Plautus.

8     **perditis rebus meis**: ablative absolute. Translate as if it were a main clause, 'I'm ruined!'

9     **foras**: accusative of 'end of motion'. 'out of doors'; compare *domum*, 'home'.

11     **quod**: 'because'; *not* the relative pronoun here.

13     **quid agis?** '*how* do you do?' But Staphyla wilfully misunderstands, and answers the question 'What are you doing?'

16     **sapientis**: here feminine, of course; 'a wise *woman*'.

19     **meum erum cupido cepit**: literally 'desire has seized my master'; translate 'my master has fallen in love with'.

23     **huiusce**: *hice* is a more emphatic form of *hic;* '*this* disease'.
    **non remittet Euclio**: understand *eam*.

26     **totam ... filiam**: 'a *whole* daughter'.

33     **valen'?** a common abbreviation for *valesne*.

37     **mi**:=*mihi*.

45     **mea**: neuter pl.; 'my things', 'my property'.

46     **custodiamne**: deliberative subjunctive; lit. 'am I to guard?' Translate colloquially by 'Me? Guard?'

49     **mi**: dative; 'for me'.

51     **latere mitte**: mitto here='cease'; 'stop hiding'.

53     **vidente me**: ablative absolute; 'while I watched'.

61     **videor odorem audire**: compare Shakespeare's 'for you must understand, he goes but to see a noise that he heard.' (*M.N.D.*, *III, i,* 96.)

65     **tempus terente te**: ablative absolute; compare 1. 53.

68     **sum coactus**:=*coactus sum*, perf. pass of cogo.

69     **ne quis illam abduceret**: 'lest anyone should, etc.'; *illam* is ambiguous, and may refer either to Phaedra or to the pot.

72     **non reperiendam**: gerundive; 'not to be found'.

90     **unde**: 'from where'.

96     **ollamne reddam**: deliberative subjunctive. Compare line 46 (note), and translate 'Me? Return the pot?'

101     **Noli minari**: notice the construction taken by *minor*. 'I threaten you with death'=*tibi mortem minor*.

103     **furibus victis**: 'after overcoming, etc.' What construction?

107     **num quis**: 'won't anybody?'

## VII—Coquus

5       **quam beta qui rubet magis:** rearrange these words before translating as follows:—*qui rubet magis quam beta.*

8       **hi tui voragines:** *vorago* is literally a 'gulf' or 'chasm'; in this passage, by a play upon 'voraverunt', it means that in which something (i.e. Anthrax's dinners) has been engulfed. Translate 'these devourers of yours', and compare Cicero's phrase 'gurges et vorago patrimonii' of a man who has squandered and gobbled up his inheritance.

11      **Orcus:** another name for Pluto, the god of the underworld. Thus it often stands in poetry for 'death'.

12      **tuis cenis:** ablative of instrument; '*by* your dinners'.

15      **res habet se longe aliter:** 'this is far from being the case'.

19      **recta:** ablative, and understand *via;* translate 'straight'.

20      **cenatque odorem:** ceno followed by an accusative='dine upon'.

31      **facturus hodie nuptias:** understand *sum;* 'I am going to get married'.

40      **iubente te:** 'at your bidding'. What construction?

41      **quonam iubente:** *quisnam* is emphatic; 'at *whose* bidding?'

44      **corrumpent male:** 'they will spoil'.

56      **quoque, coque:** a pun of Cicero's, according to Quintilian.

58      **suavius qui coxerit:** 'who *cooks* the more tastily'; notice the exactness of the Latin tense—'who *will have* cooked'—for which English uses the loose idiomatic present.

73      **salsa dicta:** there is a play here upon the double meaning of 'salsus': 'witty' sayings, and 'well-salted' food.

82      **decet nos:** an impersonal verb. Tr. 'It befits us to do the thing decently'.

        **negat iussisse se:** literally='denies himself to have ordered'. Paraphrase this.

88      **ut coquos conducerem:** dependent desire (except with the verbs *iubeo* and *veto*, which take the infinitive) is expressed in Latin by ut followed by the subjunctive. Translate 'asked me to hire, etc'.

91      **corculum:** 'little heart', a common endearment. Translate by 'sweetheart'.

        **licetne mi:** an impersonal verb. Literally='is it permitted to me?' Translate simply by 'may I?'

94      **coquulum:** another diminutive;='cookling', perhaps 'cookie' (but not in the American sense).

96      **esset:** 'would be'.

105     **cenis:** ablative of comparison;='quam cenae'.

106     **Olympiorum:** 'of the gods'.

108     **Non coquum tuum etc.:** in colloquial Latin '*non*' often= '*nonne*'.

111     **qui fuere:** 'who have ever lived'.

## VIII—Ancilla

2     **me nunc oportet:** impersonal verb. Literally='it behoves me'. Translate by 'I must'.

5     **adpulisse:** perfect inf. of *adpello;* 'to have brought in'.

6     **obisse mortem:** literally 'to have gone up against death'; 'to have died'.

11     **dormientes:** 'those who sleep'.

18     **ab inferis redire:** 'to rise from the dead'.

19     **agendum:** gerundive: 'to be done'.

20     **oportet:** see note on line 2.

24     **si loco discesseris:** notice the idiomatic (and strictly correct) future-perfect tense. Translate 'if you *leave* the spot'.

32     **num scire etc.:** 'surely she ought not to say that she knows, etc.'

35     **splendide mendax:** a well known oxymoron borrowed from Horace—'a magnificent liar'. Horace uses the phrase to describe Hypermnestra, the only one of the fifty daughters of Danaus who refused to obey her father and kill her husband on the wedding night. (*Odes III, xi,* 35.)

36     **me:** ablative of comparison.='*quam ego*'.

58     **praeter hanc:** literally 'except this woman'. Crocotium refers to herself, of course: translate by 'except me'.

63     **feminae verum loqui licere:** 'that it is permissible for a woman to tell the truth'.

71     **quae quater dico:** 'who denies that what I say four times is true?'

75     **necesse est illum abesse:** 'he *must* be away from home'.

80     **qua re:** 'and therefore'.

84     **perduint:** old form of the present subjunctive (expressing a wish): '*may* they destroy'.

# VOCABULARY

**a, ab, abs,** *prep. w. abl.*, by; from.

**abduco,** -duxi, -ductum, *3 tr.*, take away.

**abeo,** *4, irr. intr.*, go away.

**absum,** *irr. intr.*, am away; *ptcp.* **absens,** absent.

**absurdus,** -a, -um, *adj.*, ridiculous.

**accido,** -di, *3, intr.*, happen.

**acus,** *4, f.*, needle.

**adeo,** *4, irr. intr. and tr.*, approach.

**adhuc,** *adv.*, still.

**adloquor,** -loqui, -locutus sum, *3, tr.*, address, speak to.

**adorior,** -ortus sum, *4, tr.*, attack.

**adpello,** -puli, -pulsum, *3 tr.*, bring to land.

**adpropinquo,** *1 intr.*, approach.

**adscendo,** -scendi, -scensum, *3, tr. and intr.*, climb up.

**adsum,** *irr. intr.*, am here, am present.

**adulescens,** *3 m.*, youth.

**aedes,** -ium, *3 f. pl.*, house.

**aeger,** -gra, -grum, *adj.*, sick.

**aegrotus,** -a, -um, *adj.*, sick, ill.

**aequus,** -a, -um, *adj.*, fair.

**aer,** aeris, *3 m.*, air.

**aestimo,** *1 tr.*, value, reckon.

**Africa,** -ae, *1 f.*, Africa.

**age,** *interj.*, come, come now!

**agnus,** -i, *2 m.*, lamb.

**ago,** egi, actum, *3 tr.*, do, perform; bring.

**alienus,** -a, -um, *adj.*, another's, somebody else's.

**aliquis,** -quid, *pron.*, someone, something.

**aliter,** *adv.*, otherwise.

**alius . . . alius** (-a, -ud), *pron.*, some . . . other.

**ambo,** -bae, -bo, *adj.*, both.

**ambulo,** *1, intr.*, walk.

**amens,** -ntis, *adj.*, mad.

**amica,** -ae, *1 f.*, (lady) friend.

**amicus,** -i, *2 m.*, friend.

**amitto,** -misi, -missum, *3 tr.*, lose.

**amo,** *1, tr.*, love, like.

**amor,** -oris, *3 m.*, love.

**amoveo,** -movi, -motum, *3, tr.*, move away.

**amplector,** -plexus sum, *3 tr.*, embrace.

**amplius,** *comp. adv.*, more (than).

**an,** *conj.*, or.

**ancilla,** -ae, *1 f.*, maidservant.

**anima,** -ae, *1 f.*, breath.

**animus,** -i, *2 m.*, mind; heart; courage.

**annus,** -i, *2 m.*, year.

**ante,** *prep. w. acc.*, before, in front of.

**antehac,** *adv.*, before this.

**ante quam,** *conj.*, before.

**anus,** -us, *4 f.*, old woman.

**aperio,** -ui, -ertum, *4 tr.*, open.

**apud,** *prep. w. acc.*, at the house of.

**aqua,** -ae, *1 f.*, water.

**aranea,** -ae, *1 f.*, cobweb.

**arca,** -ae, *1 f.*, box, chest.

**ardeo,** arsi, *2 intr.*, am on fire, burn.

**ars,** artis, *3 f.*, art, skill.

**asinus,** -i, *2 m.*, donkey.

**at,** *conj.*, but.

**Athenae,** -arum, *1 f pl.*, Athens.

**atque,** *conj.*, and.

**attonitus,** -a, -um, *adj.*, thunderstruck, astonished.

**audeo,** ausus sum, *2 intr.*, dare.

**audax,** -acis, *adj.*, daring, bold.

**audio,** *4 tr.*, hear.

**aufero,** abstuli, ablatum, *irr. tr.*, carry off.

**aura,** -ae, *1 f.*, air, breeze.

**auris,** -is, *3 f.*, ear.

**aurum,** -i, *2 n.*, gold.

**aut,** *conj.*, either, or.

**avarus,** -a -um, *adj.*, greedy.

**babae,** *interj.*, oho! my goodness!

**beatus,** -a, -um, *adj.*, happy.

**bellus,** -a, -um, *adj.*, beautiful.

**bene,** *adv.*, well.

**bestia.** -ae. *1 f.*. beast, brute.

**beta,** -ae, *1 f.,* beet, beetroot.
**bibo,** bibi, *3 tr.,* drink.
**bipes,** *adj.,* two-legged.
**bis,** *adv.,* twice.
**bos,** bovis, *3 c.,* ox, cow.

**cadaver,** -eris, *3 n.,* corpse.
**cado,** cecidi, casum, *3 intr.,* fall.
**caedo,** cecidi, caesum, *3 tr.,* kill,
cut down.
**caelestes,** -ium, *3 m. pl.,* the gods.
**caelum,** -i, *2 n.,* sky, heaven.
**callidus,** -a, -um, *adj.,* cunning,
crafty.
**calvus,** -a, -um, *adj.,* bald.
**canis,** -is, *3 c.,* dog.
**cano,** cecini, *3 tr. and intr.,*
sing.
**capax,** -acis, *adj.,* roomy,
capacious.
**capio,** cepi, captum, *3 tr.,* take,
seize; form (plan).
**capto,** *1 tr.,* hunt; catch, catch at.
**carus,** -a, -um, *adj.,* dear.
**casu,** *abl. used as adv.,* by chance.
**catella,** -ae, *1 f.,* puppy.
**causa,** -ae, *1 f.,* cause, reason.
**caute,** *adv.,* cautiously.
**caveo,** cavi, cautum, *2 intr. and*
*tr.,* beware (of).
**celer,** -is, -e, *adj.,* swift.
**celeriter,** *adv.,* swiftly, quickly.
**celo,** *1 tr.,* hide.
**cena,** -ae, *1 f.,* dinner.
**ceno,** *1, intr. and tr.,* dine, dine off.
**centum,** *indecl.,* a hundred.
**certe,** *adv.,* at any rate; certainly.
**certiorem (te) facio,** I inform
(you).
**cibus,** -i, *2 m.,* food.
**cito,** *adv.,* quickly.
**civis,** -is, *3 m.,* citizen.
**clamo,** *1 intr.,* shout.
**claudo,** -si, -sum, *3 tr.,* shut.
**coclea,** -ae, *1 f.,* snail.
**coepi** (*used as pf. of* incipio), *3 def.,*
began.
**cognosco,** -novi, -nitum, *3 tr.,*
learn, get to know.

**cogo,** coegi, coactum, *3 tr.,*
compel.
**colligo,** -legi, -lectum, *3 tr.,*
collect.
**columna,** -ae, *1 f.,* column.
**comicus,** -a, -um, *adj.,* comic,
humorous.
**commoveo,** -movi, -motum, *2 tr.,*
move deeply, startle.
**comoedia,** -ae, *1 f.,* comedy.
**comoedus,** -i, *2 m.,* comedian.
**concrepo,** -ui, -itum, *1 intr.,* creak.
**conduco,** -duxi, -ductum, *3 tr.,*
collect; hire.
**confero** (me) (*fero*), *irr., tr.,*
betake (myself).
**colligo,** *1 tr.,* put together, con-
coct.
**coniecto,** *1 intr.,* guess.
**conloquor,** -loqui, -locutus sum,
*3 intr.,* converse.
**conor,** *1 tr.,* try.
**consilium,** -i, *2 n.,* plan.
**conspicio,** -spexi, -spectum, *3 tr.,*
catch sight of.
**consulo,** -ui, -ultum, *3 tr.,* consult.
**contineo,** *2 tr.,* contain, hold.
**conviva,** -ae, *1 m.,* diner.
**coquo,** coxi, coctum, *3 tr.,* cook.
**coquus,** -i, *2 m.,* cook, chef.
**cor,** cordis, *3 n.,* heart.
**corculum,** -i, *2 n.,* little heart,
sweetheart.
**corrumpo,** -rupi, -ruptum, *3 tr.,*
spoil.
**corruo,** -rui, *3 intr.,* fall down flat.
**cotidie,** *adv.,* every day.
**cras,** *adv.,* to-morrow.
**credo,** -didi, -ditum, *3 intr.* (with
dat.), believe.
**cremo,** *1 tr.,* burn.
**crepo,** -ui, -itum, *1 intr.,* creak,
rattle.
**crux,** crucis, *3 f.,* cross; scaffold.
**cubile,** -is, *3 n.,* bed.
**cubo,** -ui, -itum, *1 intr.,* lie, lie in
bed.
**culina,** -ae, *1 f.,* kitchen.
**cum,** *conj.,* when.
**cum,** *prep. with abl.,* with.

**cupido,** -inis, *3 f.*, desire, longing.
**cupio,** -ivi, -itum, *3 tr.*, desire, wish.
**cur,** *adv.*, why?
**curo,** *1 tr.*, attend to, look after.
**curro,** cucurri, cursum, *3 intr.*, run.
**custodio,** *4 tr.*, guard.

**damno,** *1 tr.*, condemn.
**de,** *prep. w. abl.*, about, concerning.
**dea,** -ae, *1 f.*, goddess.
**debeo,** *2 tr. and intr.*, owe; ought.
**debilis,** -e, *adj.*, weak, feeble.
**decem,** *indecl. num.*, ten.
**decet,** *2 tr.*, it befits.
**decido,** -di, *3 intr.*, fall, fall down.
**decipio,** -cepi, -ceptum, *3 tr.*, deceive.
**dedo,** -didi, -ditum, *3 tr.*, give up, surrender.
**deinde,** *adv.*, then, next.
**deligo,** -legi, -lectum, *3 tr.*, choose, pick.
**depereo** (*eo*), *irr. intr.*, die.
**depromo,** -prompsi, -promptum, *3, tr.*, take out.
**describo,** -psi, -ptum, *3 tr.*, describe.
**deus,** -i, *2 m.*, god.
**devoro,** *1 tr.*, eat up, devour.
**dexter,** -tra, -trum, *adj.*, right.
**dico,** -xi, -ctum, *3 tr.*, say, tell.
**dicto,** *1 tr.*, say repeatedly.
**dies,** -ei, *5 m.*, day.
**dignus,** -a, -um, *adj.*, deserving, worthy.
**diligenter,** *adj.*, carefully.
**discedo,** -cessi, -cessum, *3 intr.*, depart, go away.
**dissipo,** *1 tr.*, squander.
**diu,** *adv.*, for a long time.
**dives,** -itis, *adj.*, rich.
**do,** dedi, datum, *1 tr.*, give.
**doleo,** *2 intr.*, grieve, grieve for.
**dolor,** -oris, *3 m.*, pain; grief; ache.
**dolus,** -i, *2 m.*, guile, trick.
**domicilium,** -i, *2 n.*, home.
**dominus,** -i, *2 m.*, master.

**domus,** -us, *2 and 4 f.*, home, house.
**donec,** *conj.*, until.
**donum,** -i, *2 n.*, gift, present.
**dormio,** *4 intr.*, sleep.
**dos,** dotis, *3 f.*, dowry, marriage portion.
**ducenti,** -ae, -a, num *adj.*, two hundred.
**duco,** -xi, -ctum, *3 tr.*, lead; marry.
**dulcis,** -e, *adj.*, sweet.
**dum,** *conj.*, while.
**duo,** -ae, -o, *num. adj.*, two.

**ecce,** *interj.*, lo! look!
**edo,** edi, esum, *3 tr.*, eat.
**ego,** mei, *pron.*, I.
**egredior,** -gressus sum, *3 intr,*. go out, come out.
**eheu,** *interj.*, alas!
**eho,** *interj.*, hi! hey there!
**elephas,** -antis (or -anti), *2 and 3 m.*, elephant.
**enim,** *adv.*, for.
**eo,** ire, i(v)i, itum, *irr. intr.*, go.
**ergo,** *adv.*, therefore.
**eripio,** -ui, -eptum, *3 tr.*, snatch away.
**error,** -oris, *3 m.*, error, slip.
**eruo,** -ui, -utum, *3 tr.*, dig out.
**erus,** -i, *2 m.*, master.
**esurio,** *4 intr.*, am hungry.
**etiam,** *adv.*, also; even.
**ex,** *prep. w. abl.*, out (of).
**excerpo,** -psi, -ptum, *3 tr.*, extract.
**excurro,** -curri, -cursum, 3, run out.
**exeo,** (*eo*), *irr. intr.*, go out, emerge.
**expello,** -puli, -pulsum, *3 tr.*, drive out.
**expendo,** -pendi, -pensum, *3 tr.*, pay out, fork out.
**expilo,** *1 tr.*, rob, plunder.
**exsilio,** -ui, -ultum, *4 intr.*, leap out.
**extempulo,** *adv.*, immediately, at once.
**extra,** *prep. w. acc.*, outside.

**extra iocum,** joking apart.
**extraho,** -xi, -ctum, *3 tr.,* drag out.

**fabula,** -ae, *1 f.,* story, play.
**facilis,** -e, *adj.,* easy.
**facio,** feci, factum, *3 tr.,* do; make.
**fallo,** fefelli, falsum, *3 tr.,* deceive.
**falsus,** -a, -um, *adj.,* false.
**fas,** *indecl. n.,* right.
**fateor,** *2 tr.,* confess.
**feles,** -is, *3 f.,* cat.
**felix,** -icis, *adj.,* fortunate, lucky.
**felicitas,** -atis, *3 f.,* happiness.
**ferio,** *4 tr.,* strike, beat.
**fero,** ferre, tuli, latum, *irr. tr.,* bear, bring; take; endure.
**fidelis,** -e, *adj.,* faithful.
**filia,** -ae, *1 f.,* daughter.
**filius,** -i, *2 m.,* son.
**fio,** fieri, factus sum, *irr. intr.,* become, am done.
**flamma,** -ae, *1 f.,* flame.
**fluctus,** -us, *4 m.,* wave.
**flumen,** -inis, *3 n.,* river.
**focus,** -i, *2 m.,* hearth.
**fodico,** *1 tr.,* dig, nudge.
**fodio,** fodi, fossum, *3 tr.,* dig.
**foede,** *adv.,* foully.
**foris,** -is, *3 f.,* door.
  **foras,** (to) out of doors.
**fortasse,** *adv.,* perhaps.
**forte,** *adv.,* by chance.
**fortiter,** *adv.,* powerfully.
**fortunatus,** -a, -um, *adj.,* happy, fortunate.
**forum,** -i, *2 n.,* forum, market-place.
**frater,** -tris, *3 m.,* brother.
**fugio,** fugi, *3 intr.,* flee, run away.
**fumus,** -i, *2 m.,* smoke.
**fur,** furis, *3 m.,* thief.
**furcifer,** -i, *2 m.,* gallows-dog, rascal.
**furo,** *3 intr.,* am mad.
**furor,** -oris, *3 m.,* madness.
**furor,** *1 intr.,* steal.
**furtim,** *adv.,* stealthily.

**garrio,** *4 intr.,* chatter, prattle.
**garrulus,** -a, -um, *adj.,* talkative, garrulous.

**gestio,** *4 tr.,* desire greatly.
**gladius,** -i, *2 m.,* sword.
**gloriosus,** -a, -um, *adj.,* boastful.
**gradus,** -us, *4 m.,* step.
**grandis,** -e, *adj.,* large, big.
**grates,** -ium, *3 f. pl.,* thanks.
**gratia,** -ae, *1 f.,* gratitude; (*pl.*) thanks.
**gratis,** *adv.,* for nothing.
**gravis,** -e, *adj.,* heavy, burdensome.
**gula,** -ae, *1 f.,* throat, gullet.

**habeo,** *2 tr.,* have; keep.
**habito,** *1 intr.,* live, dwell.
**haud,** *adv.,* not.
**heia,** *interj.,* ha! ho! hey there!
**hem,** *interj.,* well! hah!
**hercle,** *interj.,* by Hercules!
**heu,** *interj.,* alas!
**heus,** *interj.,* hey! hi! ahoy!
**hic, haec, hoc,** *pron. and adj.,* this.
**hice, haece, hoce,** *pron. and adj.,* this.
**hic,** *adv.,* here.
**hinc,** *adv.,* hence, from here.
**hirtus,** -a, -um, *adj.,* hairy.
**hodie,** *adv.,* to-day.
**homo,** -inis, *m. and f.,* 3, man.
**homunculus,** -i, *2 m.,* manikin, dwarf.
**hortulus,** -i, *2 m.,* garden plot.
**hortus,** -i, *2 m.,* garden.
**huc** (illuc), *adv.,* hither (and thither).
**humi,** *loc.,* on the ground, to the ground.

**iaceo,** *2 intr.,* lie.
**iam,** *adv.,* now, by now, already.
**idem,** eadem, idem, *pron. and adj.,* same, the same.
**igitur,** *adv.* (*second word*), therefore.
**ignosco,** -novi, -notum, *3 tr.,* forgive (*with dat.*).
**ille,** illa, illud, *pron. and adj.,* that; he, she, it.
**illic,** *adv.,* there.
**illuc,** *adv.,* thither, (to) there.

**immo,** *interj.*, nay! indeed!

**immortalis,** -e, *adj.*, immortal.

**impedio,** *4 tr.*, hamper, hinder.

**impero,** *1, tr.*, order (*with dat.*).

**improbus,** -a, -um, *adj.*, naughty, wicked.

**impudicus,** -a, -um, *adj.*, shameless.

**incendium,** -i, *2 n.*, fire.

**incendo,** -ndi, -nsum, *3 tr.*, set fire to.

**incipio,** -cepi, -ceptum, *3 tr.* and *intr.*, begin.

**incolo,** -ui, -cultum, *3 tr.*, inhabit.

**ineptus,** -a, -um, *adj.*, silly, senseless.

**inferi,** -orum, 2 pl. m., *the dead.*

**ingratus,** -a, -um, *adj.*, unpleasant; ungrateful.

**iniquus,** -a, um, *adj.*, unfair, unjust.

**iniuria,** -ae, *1 f.*, injustice.

**inquam,** *irr. def.*, say.

**insanus,** -a, -um, *adj.*, mad.

**instar,** (*indecl. noun used as prep. with gen.*), like.

**instrumentum,** -i, *2 n.*, tool.

**insum,** -esse, fui, *irr. intr.*, am inside.

**intactus,** -a, -um, *adj.*, unimpaired.

**intellego,** -xi, -ctum, *3 tr.*, understand.

**intra,** *prep. with acc.*, inside.

**intro,** *1 tr.*, enter.

**intro,** *adv.*, inside.

**intus,** *adv.*, within, inside.

**inutilis,** -e, *adj.*, useless.

**invitus,** -a, -um, *adj.*, unwilling(ly), against one's will.

**iocosus,** -a, -um, *adj.*, jesting, merry.

**iocus,** -i, *2 m.*, jest, joke. **per iocum,** in jest.

**ipse,** ipsa, ipsum, *pron. and adj.*, self.

**ira,** -ae, *1 f.*, anger.

**iratus,** -a, -um, *adj.*, angry.

**iracundus,** -a, -um, *adj.*, hot-tempered, crotchety.

**iste,** ista, istud, *pron. and adj.*, that of yours, that near you.

**ita,** *adv.*, thus, in this way.

**itaque,** *adv.*, therefore.

**iter,** -ineris, *3 n.*, journey.

**iubeo,** iussi, iussum, *2 tr.*, order.

**Iuppiter,** Iovis, *3 m.*, Jupiter.

**ius,** iuris, *3 n.*, broth, soup.

**iuvenis,** -is, *3 m.*, young man.

**labor,** -oris, *3 m.*, work.

**lacrima,** -ae, *1 f.*, tear.

**laetus,** -a, -um, *adj.*, glad, happy.

**lateo,** *2 intr.*, lurk, hide oneself.

**latro,** -onis, *3 m.*, brigand.

**latus,** -eris, *3 n.*, side, flank.

**laudo,** *1 tr.*, praise.

**lectus,** -i, *2 m.*, bed.

**leo,** -onis, *3 m.*, lion.

**levis,** -e, *adj.*, light; light-minded.

**liberalis,** -e, *adj.*, generous.

**libero,** *1 tr.*, free, set free.

**licet,** *2 intr.*, it is allowed, one may (*with dat.*).

**lignum,** -i, *2 n.*, firewood, stick.

**lingua,** -ae, *1 f.*, tongue.

**lippus,** -a, -um, *adj.*, bleary.

**littera,** -ae, *1 f.*, letter.

**locus,** -i, *2 m.*, place, part.

**longe,** *adv.*, far, by far.

**longus,** -a, -um, *adj.*, long.

**loquax,** -acis, *adj.*, talkative.

**loquor,** locutus sum, *3 intr.*, speak, talk; **mecum loquor,** talk to myself.

**ludifico,** *1 tr.*, make a fool of.

**ludo,** -si, -sum, *3 tr. and intr.*, play.

**lupus,** -i, *2 m.*, wolf.

**magnopere,** *adv.*, greatly, very much.

**magnus,** -a, -um, *adj.*, great, big; loud.

**mane,** *adv.*, in the morning, early.

**maneo,** -nsi, -nsum, *2 intr.*, remain, stay.

**manus,** -us, *4 f.*, hand.

**maritus,** -i, *2 m.*, husband.

**mater,** -tris, *3 f.*, mother.

**matrimonium,** -i, *2 n.*, marriage; **in matrimonium duco,** marry.
**maxime,** *superl. adv.*, most; chiefly, especially; very greatly.
**medicus,** -i, *2 m.*, doctor.
**medius,** -a, -um, *adj.*, middle, mid.
**melior,** -ius, *comp. adj.*, better.
**memini,** *def. tr. and intr.*, remember.
**memoria,** -ae, *1 f.*, memory, recollection.
**mendax,** -acis, *adj.*, lying; liar.
**mendacium,** -i, *2 n.*, lie, falsehood.
**mendicus,** -i, *2 m.*, beggar.
**mens,** -ntis, *3 f.*, mind.
**mensa,** -ae, *1 f.*, table.
**mensis,** -is, *3 m.*, month.
**mentior,** *4 intr.*, lie, tell a lie.
**mercator,** -oris, *3 m.*, merchant, trader.
**mergo,** -rsi, -rsum, *3 tr.*, sink, drown.
**meridior,** *1 intr.*, take a siesta, snooze.
**miles,** -itis, *3 m.*, soldier.
**mille,** *indecl. num.*, thousand.
**minae,** -arum, *1 f., pl.*, threats.
**minime,** *superl. adv.*, (not) in the least.
**minor,** *1 tr.*, threaten.
**mirabilis,** -e, *adj.*, marvellous, wonderful.
**mirus,** -a, -um, *adj.*, remarkable, wonderful.
**miser,** -era, -erum, *adj.*, wretched.
**misere,** *adv.*, wretchedly.
**mitto,** misi, missum, *3 tr.*, send; cease.
**modo,** *adv.*, only.
**modus,** -i, *2 m.*, manner, way.
**molestus,** -a, -um, *adj.*, troublesome.
**moleste fero,** am annoyed at.
**mora,** -ae, *1 f.*, delay.
**morbus,** -i, *2 m.*, disease.
**moror,** *1 intr.*, delay, linger.
**mordicus,** -a, -um, *adj.*, biting, munching.
**morosus,** -a, -um, *adj.*, crusty, bad-tempered.

**mors,** mortis, *3 f.*, death.
**morsus,** -us, *4 m.*, bite.
**mortuus,** -a, -um, *adj.*, dead.
**mox,** *adv.*, presently.
**multus,** -a, -um, *adj.*, much; (*pl.*) many; **multo,** *adv.*, (by) far.
**mus,** muris, *3 m.*, mouse.
**muto,** *1 tr.*, alter, change.

**nam, namque,** *conj.*, for.
**nascor,** natus sum, *3 intr.*, am born.
**nasus,** -i, *2 m.*, nose.
**naufragus,** -a, -um, *adj.*, shipwrecked.
**nauta,** -ae, *1 m.*, sailor.
**nec, neque,** *conj.*, neither, nor. **nec tamen,** but not.
**necdum,** *adv.*, and not yet.
**necesse,** *indecl.*, necessary.
**neco,** *1 tr.*, kill, murder.
**nego,** *1 tr.*, deny, say that . . . not.
**negotium,** -i, *2 n.*, business, occupation; trouble.
**nemo,** *3 m.*, nobody; no.
**Neptunus,** -i, *2 m.*, Neptune.
**nescio,** *4 tr.*, do not know (how)
**nescioquis,** -quid, *pron.*, somebody or other.
**ni,** *conj.*, unless.
**nihil,** *indecl. n.*, nothing.
**nil,** *indecl. n.*, nothing.
**nimis,** *adv.*, too much, too.
**nimius,** -a, -um, *adj.*, excessive.
**nisi,** *conj.*, except, unless.
**nolo,** -ui, *irr. intr.*, am unwilling.
**nomen,** -inis, *3 n.*, name.
**nomino,** *1 tr.*, call.
**noster,** -tra, -trum, *adj.*, our.
**novus,** -a, -um, *adj.*, new. **quid novi est?** what news?
**nudus,** -a, -um, *adj.*, naked, bare.
**nullus,** -a, -um, *adj.*, no, none.
**num,** *adv.*, really?
**nummulus,** -i, *2 m.*, penny.
**nummus,** -i, *2 m.*, coin, penny.
**numquam,** *adv.*, never.
**nunc,** *adv.*, now.
**nuntio,** *1 tr.*, announce.
**nuper,** *adv.*, recently.

**nuptiae,** -arum, *1 f. pl.*, wedding.
**nupta,** -ae, *1 f.*, bride.

**ob,** *prep. with acc.*, up against; on account of.
**obeo mortem** (*eo*), die.
**oblique,** *adv.*, aside.
**obliviscor,** -litus sum, *3 tr.* (*with gen*), forget.
**ocius,** *adv.*, swiftly.
**oculus,** -i, *2 m.*, eye.
**odi,** *def. tr.*, hate.
**odor,** -oris, *3 m.*, scent, smell.
**odoror,** *1 tr.*, smell, detect by the scent.
**oleo,** *2 intr.*, smell, smell of.
**olfacio,** -feci, -factum, *3 tr.*, smell, sniff.
**olla,** -ae, *1 f.*, pot.
**ollula,** -ae, *1 f.*, potlet, little pot.
**Olympii,** -orum, *2 m.*, pl., the gods.
**omitto,** -misi, -missum, *3 tr.*, lay aside, disregard.
**omnis,** -e, *adj.*, all, every.
**opinor,** *1 intr.*, suppose, think.
**oportet,** *2 tr.*, it behoves, one ought.
**oppidum,** -i, *2 n.*, town.
**ops,** opis, *3 def.*, aid, help.
  **opes** (*pl.*), riches, wealth.
**opus,** -eris, *3 n.*, task.
  **opus est** (*with abl.*), there is need of.
**orbus,** -a, -um, *adj.*, bereaved.
**Orcus,** -i, *2 m.*, Hades.
**os,** oris, *3 n.*, mouth, face.
**osculor,** *1 tr.*, kiss.

**pabulum,** -i, *2 n.*, fodder.
**paene,** *adv.*, almost
**pappus,** -i, *2 m.*, old man, gaffer.
**parasitus,** -i, *2 m.*, parasite, sponger.
**parcus,** -a, -um, *adj.*, stingy.
**parens,** -ntis, *3 m. or f.*, parent.
**pareo,** *2 intr.* (*with dat.*), obey.
**pario,** peperi, partum, *3 tr.*, produce, bring forth.
**paro,** *1 tr.*, get ready, prepare.

**pars,** partis, *3 f.*, part.
**parvulus,** -a, -um, *adj.*, tiny, wee.
**parvus,** -a, -um, *adj.*, little, small.
**pater,** -tris, *3 m.*, father.
**pauci,** -ae, -a, *pl. adj.*, few, a few.
**pauper,** -eris, *adj.*, poor.
**pecco,** *1 intr.*, do wrong, sin.
**pecunia,** -ae, *1 f.*, money.
**peior,** -us, *comp. adj.*, worse.
**percutio,** -cussi, -cussum, *3 tr.*, strike.
**perdo,** -didi, -ditum, *3 tr.*, destroy; lose.
**peregrinor,** *1 intr.*, travel abroad.
**pereo,** -ii, -itum, *irr. intr.*, perish, am lost.
**perfero,** -tuli, -latum, *irr. tr.*, convey, bring.
**perfidus,** -a, -um, *adj.*, treacherous.
**pergo,** -rexi, -rectum, *3 intr.*, proceed, go on.
**periculum,** -i, *2 n.*, danger.
**persona,** -ae, *1 f.*, character.
**perturbo,** *1 tr.*, confuse, throw into confusion.
**pervenio,** -veni, -ventum, *4 intr.*, arrive.
**pes,** pedis, *3 m.*, foot.
**peto,** -ivi, -tum, *3 tr.*, seek, aim at; attack.
**piger,** -gra, -grum, *adj.*, idle, lazy.
**pinguis,** -e, *adj.*, fat.
**piscis,** -is, *3 m.*, fish.
**piscor,** *1 intr.*, fish.
**placeo,** *2 intr.* (*with dat.*), please.
**plane,** *adv.*, clearly.
**plenus,** -a, -um, *adj.*, full.
**ploro,** *1 intr.*, wail; rue it.
**plus,** *adv.*, more.
**poena,** -ae, *1 f.*, penalty;
  **poenas do,** am punished, pay the penalty.
**Pol,** *interj.*, by Pollux!
**pompa,** -ae, *1 f.*, procession.
**pono,** posui, positum, *3 tr.*, place, put.
**portus,** -us, *4 m.*, harbour.
**posco,** poposci, *3 tr.*, demand.
**possideo,** *2 tr.*, possess.

**possum,** posse, potui, *irr. intr.*, am able, can.

**post,** prep (*with acc.*), after; behind.

**postis,** -is, *3 m.*, door-post.

**postulo,** *1 tr.*, demand.

**praemium,** -i, *2 m.*, reward.

**praesegmen,** -inis, *3 n.*, paring.

**praestans,** -stantis, *adj.*, outstanding.

**praeter,** *prep.* (*with acc.*), except.

**praeterea.** *adv.*, furthermore.

**praeteritus,** -a, -um, *adj.*, past.

**pridem,** *adv.*, long ago.

**primo,** *adv.*, at first.

**prius,** *adv.*, before.

**pro,** *prep.* (*with abl.*), instead of; on behalf of.

**probo,** *1 tr.*, prove.

**procedo,** -cessi, -cessum, *3 intr.*, advance.

**procul,** *adv.*, far, afar, in the distance.

**proditor,** -oris, *3 m.*, traitor.

**progredior,** -gressus sum, *3 intr.*, advance.

**proh,** *interj.*, oh!

**proicio,** -ieci, -iectum, *3 tr.*, prostrate.

**prope,** *prep. and adv.*, near.

**propero,** *1 intr.*, hasten.

**propinquo,** *1 intr.*, approach.

**propitius,** -a, -um, *adj.*, favourable.

**propter,** *prep. with acc.*, because of.

**protervus,** -a, -um, *adj.*, cheeky, pert.

**pulcher,** -chra, -chrum, *adj.*, beautiful, handsome, fine.

**pulchritudo,** -inis, *3 f.*, beauty.

**pulvis,** -eris, *3 m.*, dust.

**pulso,** *1 tr.*, knock, knock at.

**punio,** *4 tr.*, punish.

**puto,** *1 intr.*, think.

**quaeso,** *def. vb.*, pray, beg.

**quam,** *conj.*, than.

**quamquam,** *conj.*, although.

**quantum,** *adv.*, how much.

**quantus,** -a, -um, *adj.*, how great, how big.

**qua re,** *adv.*, wherefore.

**quasi,** *conj.*, as if; like, a kind of.

**quater,** *adv.*, four times.

**queo,** *def. intr.*, am able.

**qui,** quae, quod, *pron. rel.*, who, which.

**quia,** *conj.*, because.

**quidam,** quaedam, quoddam, *adj.*, a certain, a.

**quidem,** *adv.*, indeed.

**quin,** *adv.*, why not?

**quinque,** *indecl. num.*, five.

**quis,** quid, *pron.*, who? what?

**quisnam,** quidnam, *pron.*, whoever?

**quispiam,** quidpiam, *pron.*, someone, something, anyone, anything.

**quisquam,** quicquam, *pron.*, anybody, anything.

**quisquis,** quicquid, *pron.*, whoever, whatever.

**quo,** *adv.*, whither? where to?

**quod,** *conj.*, because; that.

**quo modo,** *adv.*, how?

**quoque,** *adv.*, also.

**quot,** *indecl. adj.*, how many?

**reapse,** *adv.*, really.

**recipio,** -cepi, -ceptum, *3 tr.*, recover.

**recordor,** *1 tr.*, remember.

**recta,** (*abl. sing. sc. via*), straight.

**recte,** *adv.*, properly.

**reddo,** -didi, -ditum, *3 tr.*, give back; render.

**redeo,** -ii, -itum, *4 irr. intr.*, return.

**reduco,** -duxi, -ductum, *3 tr.*, bring back.

**refero,** -tuli, -latum, *irr. tr.*, carry back.

**regredior,** -gressus sum, *3 intr.*, return.

**relinquo,** -liqui, -lictum, *3 tr.*, leave, abandon.

**remedium,** i-, *2 n.*, cure.

**remitto,** -misi, -missum, *3 tr.*, let go.

**rependo,** -pendi, -pensum, *3 tr.*, pay back.

**reperio,** -pperi, -pertum, *4 tr.*, find.

**requiro,** -quisivi, -quisitum, *3 tr.*, search for; need, want.

**res,** rei, *5 f.*, thing.

**resolvo,** -solvi, -solutum, *3 tr.*, untie; explain.

**respondeo,** -spondi, -sponsum, *2 tr.*, reply.

**re vera,** *adv.*, really.

**risus,** -us, *4 m.*, laughter.

**robur,** -oris, *3 n.*, strength, vigour.

**rogo,** *1 tr.*, ask.

**rubeo,** *2 intr.*, am ruddy.

**rudis,** -e, *adj.*, rude, unpolished.

**rugosus,** -a, -um, *adj.*, wrinkled.

**rus,** ruris, *3 n.*, the country.

**rusticus,** -a, -um, *adj.*, rural, rustic.

**sacculus,** -i, *2 m.*, little bag, purse.

**saccus,** -i, *2 m.*, bag, sack.

**saepe,** *adv.*, often.

**saevus,** -a, -um, *adj.*, cruel.

**salsus,** -a, -um, *adj.*, salted, seasoned; witty.

**salus,** -utis, *3 f.*, health; safety.

**saluto,** *1 tr.*, greet, hail.

**salve,** *interj.*, hello! good day to you!

**salvus,** -a, -um, *adj.*, sound in health, safe and sound.

**scapha,** -ae, *1 f.*, small boat, canoe.

**scateo,** *2 intr.*, abound (in).

**sceleratus,** -a, -um, *adj.*, rescally, criminal.

**scelestus,** -a, -um, *adj.*, villainous.

**scelus,** -eris, *3 n.*, crime.

**scintilla,** -ae, *1 f.*, spark.

**scio,** *4 tr.*, know.

**scribo,** -psi, -ptum, *3 tr.*, write.

**se, sese,** *pron. reflex*, himself, herself; themselves.

**sedeo,** -sedi, -sessum, *2 intr.*, sit.

**semper,** *adv.*, always.

**senex,** senis, *3 m.*, old man.

**sepelio,** *4 tr.*, bury.

**sequor,** secutus sum, *3 tr.*, follow.

**servo,** *1 tr.*, save, keep.

**servulus,** -i, *2 m.*, little slave, hireling.

**servus,** -i, *2 m.*, slave.

**si,** *conj.*, if.

**sic.** *adv.*, in this way, thus.

**simia,** -ae, *1 f.*, monkey.

**simul,** *adv.*, at the same time.

**simul atque,** *conj.*, as soon as.

**sine,** *prep. with abl.*, without.

**sino,** sivi, situm, *3 tr.*, allow, let.

**sisto,** stiti, *3 intr.*, stay, stop, halt.

**soccus,** -i, *2 m.*, slipper, shoe.

**socius,** -i, *2 m.*, ally, associate.

**socrus,** -us, *4 f.*, mother-in-law.

**soleo,** solitus sum, *2 intr.*, am accustomed.

**sollicitus,** -a, -um, *adj.*, anxious, worried.

**solum,** *adv.*, only.

**solvo,** -vi, -utum, *3 tr.*, pay.

**sonus,** -i, *2 m.*, sound.

**sordidus,** -a, -um, *adj.*, dirty.

**sperno,** sprevi, spretum, *3 tr.*, despise, scorn.

**spero,** *1 tr.*, hope, hope for.

**spiro,** *1 intr.*, breathe.

**splendide,** *adv.*, magnificently.

**spolio,** *1 tr.*, plunder.

**stabulum,** -i, *2 n.*, stable.

**statim,** *adv.*, immediately, at once.

**sterto,** -ui, *3 intr.*, snore.

**sto,** steti, statum, *1 intr.*, stand.

**strido,** -di, *3 intr.*, creak.

**stringo,** -nxi, -ctum, *3 tr.*, bind, tie.

**stultus,** -a, -um, *adj.*, silly.

**suavis,** -e, *adj.*, pleasant, sweet.

**sub,** *prep. with abl.*, under.

**subduco,** -xi, -ctum, *3 tr.*, steal.

**subito,** *adv.*, suddenly.

**subitus,** -a, -um, *adj.*, sudden.

**supellex,** -ectilis, *3 f.*, furniture.

**superstes,** -stitis, *adj.*, surviving.

**supinus,** -a, -um, *adj.*, on one's back.

**surdus,** -a, -um, *adj.*, deaf.

**suspicor,** *1 tr.*, suspect.

**taceo**, 2 *intr.*, am silent.
**tacitus**, -a, -um, *adj.*, silent.
**taeter**, -tra, -trum, *adj.*, nasty, horrid.
**talis**, -e, *adj.*, such.
**tam**, *adv.*, so; as.
**tamen**, *conj.*, however.
**tandem**, *adv.*, at length.
**tango**, tetigi, tactum, 3 *tr.*, touch.
**tantus**, -a, -um, *adj.*, so great.
**tardus**, -a, -um, *adj.*, slow, sluggish.
**tatae**, *interj.*, the dickens!
**tegula**, -ae, *1 f.*, tile.
**templum**, -i, 2 *n.*, temple.
**tempus**, -oris, 3 *n.*, time.
**teneo**, 2 *tr.*, hold; keep; restrain.
**tenuis**, -e, *adj.*, thin; slight.
**tergum**, -i, 2 *n.*, back.
**tero**, trivi, tritum, 3 *tr.*, waste (time).
**terreo**, 2 *tr.*, frighten, terrify.
**terribilis**, -e, *adj.*, dreadful.
**testis**, -is, *3 m. and f.*, witness.
**tetigi**, *pf. indic. of* tango.
**tibicina**, -ae, *1 f.*, (female) flautist.
**timeo**, 2 *tr.*, fear.
**timesco**, 3 *tr.*, fear, dread.
**timor**, -oris, 3 *m.*, fear.
**titubo**, *1 intr.*, totter.
**tondeo**, totondi, tonsum, 2 *tr.*, shear, cut.
**tostus**, -a, -um, *perf. part. of* torreo, baked.
**tot**, *indecl. adj.*, so many.
**totus**, -a, -um, *adj.*, all, the whole.
**transfero**, -tuli, -latum, *irr. tr.*, carry across.
**trecenti**, -ae, -a, num. *adj.*, three hundred.
**tremo**, -ui, *3 intr.*, tremble.
**tristis**, -e, *adj.*, sad.
**trux**, trucis, *adj.*, fierce, stern.
**tu**, tui, *pers. pron.*, you.
**tum**, *adv.*, then.
**tumeo**, 2 *tr.*, bulge.
**tunc**, *adv.*, then.
**tunica**, -ae, *1 f.*, tunic.
**turbo**, *1 tr.*, disturb.

**turpis**, -e, *adj.*, base, disgraceful.
**tuus**, -a, -um, *adj.*, your.

**ubi**, *conj.*, where; when.
**ubinam**, *conj.*, wherever.
**unde**, *adv.*, whence, from where.
**unguis**, -is, 3 *m.*, nail.
**unicus**, -a, -um, *adj.*, single.
**universus**, -a, -um, *adj.*, all together.
**unquam**, *adv.*, ever.
**unus**, -a, -um, *num. adj.*, one.
**urbs**, urbis, *3 f.*, city.
**uro**, ussi, ustum, 3 *tr.*, burn.
**ustor**, -oris, 3 *m.*, burner, cremater.
**ut**, *conj.*, as; how; in order to.
**uter**, -tra, -trum, *adj.*, which (of two)?
**utilis**, -e, *adj.*, useful.
**uxor**, -oris, *3 f.*, wife.

**vae**, *interj.*, woe!
**vafer**, -fra, -frum, *adj.*, crafty, sly.
**vah**, *interj.*, bah!
**valde**, *adj.*, exceedingly, very.
**vale** (*imperat. of valeo*), farewell!
**valeo**, 2 *intr.*, am well, am healthy;
  valeo recte, am in good health.
**vas**, vasis, 3 *n.*, jar, jug.
**velut**, *adv.*, as, as it were.
**vendo**, -didi, -ditum, 3 *tr.*, sell.
**veneficus**, -i, 2 *m.*, poisoner.
**venio**, veni, ventum, *4 intr.*, come.
**venter**, -tris, 3 *m.*, stomach.
**ventus**, -i, 2 *m.*, wind.
**verbum**, -i, 2 *n.*, word.
**versa vice**, vice versa.
**verus**, -a, -um, *adj.*, true;
  *n. pl.* vera, the truth.
**vesper**, -i *or* is, *2 and 3 m.*, evening.
**vestis**, -is, *3 f.*, clothing.
**vetus**, -eris, *adj.*, old.
**vexo**, *1 tr.*, harass, plague.
**vicinitas**, -atis, *3 f.*, neighbourhood.
**vicinus**, -i, 2 *m.*, neighbour.
**video**, vidi, visum, 2 *tr.*, see.

**viginti,** *indecl. num. adj.*, twenty.

**vinarius,** -a, -um, *adj.*, of wine.

**vinco,** vici, victum, *3 tr.*, conquer, defeat.

**vinolentus,** -a, -um, *adj.*, wine-bibbing, drunken.

**vinum,** -i, *2 n.*, wine.

**vir,** viri, *2 m.*, man.

**virgo,** -inis, *3 f.*, maiden.

**vita,** -ae, *1 f.*, life.

**vivo,** vixi, victum, *3 intr.*, live.

**vivus,** -a, -um, *adj.*, alive, living.

**vix,** *adv.*, scarcely.

**voco,** *1 tr.*, call.

**volo,** *1 intr.*, fly.

**volo,** velle, volui, *irr. tr. and intr.*, wish.

**volvo,** volvi, volutum, *3 intr.* roll.

**vorago,** -inis, *3 f.*, 'devourer'.

**voro,** *1 tr.*, devour, eat up.

**vox,** vocis, *3 f.*, voice.

**vultus,** -us, *4 m.*, expression; face.